MÉMOIRE

DES

FABRIQUANS

DE LORRAINE ET DE BAR.

MÉMOIRE

DES

FABRIQUANS

DE LORRAINE ET DE BAR,

PRÉSENTÉ

A MONSEIGNEUR

L'INTENDANT DE LA PROVINCE,

Concernant le Projet d'un nouveau Tarif, & servant de réponse à un Ouvrage intitulé Lettres d'un Citoyen à un Magistrat.

A NANCY.

M. DCC. LXII.

MÉMOIRE
DES FABRIQUANS DE LORRAINE ET DE BAR,
PRÉSENTÉ
A Monſeigneur l'Intendant de la Province.

MONSEIGNEUR,

AU mois de Mai dernier on nous aſſembla par vos ordres, le Corps des Marchands & nous, pour nous faire part du projet formé par M. le Contrôleur Général, de ſupprimer les différens Droits de Traite qui ſe perçoivent dans l'intérieur de la Province, pour les convertir en un Droit uniforme, percevable à la Frontiere. On nous demandoit nos obſervations ſur les avantages ou les inconvéniens de ce nouveau Tarif, relativement à la Lorraine, & nos eſtimations ſur la quotité du Droit à impoſer ſur chaque eſpece de Marchandiſe à l'entrée de la Province.

Nous étions occupés du ſoin de répondre à la confiance de Monſeigneur le Contrôleur Général; & nous attendions une nouvelle Aſſemblée pour nous concilier ſur cet objet avec le Corps des Marchands, lorſque nous avons vu paroître un Ouvrage, qui a pour titre *Lettres d'un Citoyen à un Magiſtrat*, où l'Auteur s'efforce de faire révoquer en doute l'utilité des Fabriques & des Manufactures, où il donne le Commerce des productions étrangeres comme la cauſe qui peut ſeule entretenir l'aiſance dans la Province, où le projet du Tarif, ſi favorable à nos Manufactures, eſt repréſenté ſous les couleurs les plus odieuſes comme l'ouvrage de Financiers avides, & comme devant entraîner la ruine entiere des deux Duchés.

Mais quoique nous ayons été fort étonnés des aſſertions de cet Ecrivain, nous avons été plus ſurpris encore de le voir appuyer ſon ſentiment en nous citant nous-mêmes, & en prétendant que nous ſommes dans le doute & dans l'incertitude ſur les avantages du nouveau Tarif. Nous nous croyons obligés de combattre cette prétention de l'Auteur des Lettres, &

c'eſt une des principales raiſons qui nous engagent à vous préſenter nos obſervations ſur cette matiere.

Non, MONSEIGNEUR, nous n'avons jamais été dans l'incertitude & dans le doute ; dès le premier moment qu'on nous a communiqué le projet du nouveau Tarif, nous l'avons regardé comme devant être de la plus grande utilité à la Lorraine, & nous ſommes encore plus convaincus de cette vérité, depuis que nous avons examiné les raiſons que l'Auteur des Lettres a employées pour la combattre.

Pour mettre quelqu'ordre dans les réflexions que nous avons l'honneur de vous préſenter, nous ferons voir d'abord directement les avantages qui ſeront la ſuite de l'établiſſement du Tarif relativement à la Lorraine. 2°. Nous détruirons les objections que l'Auteur des Lettres forme contre ce projet.

Nous éviterons la diffuſion à laquelle il s'eſt livré pour faire un volume de plus de 400 pages ſur la queſtion dont il s'agit ; l'emphaſe qu'il a employée pour en impoſer à des lecteurs peu inſtruits, ſes exagérations, ſes ſophiſmes, ſes contradictions continuelles, & les déclamations dont il a rempli ſon Ouvrage. Nous ſerons courts, ſimples, vrais, & plus Citoyens que lui.

Il feroit fuperflu, MONSEIGNEUR, que nous nous arrêtaffions à prouver, contre l'Auteur des Lettres, la néceffité & l'utilité des Tarifs en général. C'eft un principe d'adminiftration reçu aujourd'hui chez toutes les Nations commerçantes, & établi dans tous les Ouvrages écrits fur cette matiere ; que les Impôts fur les Marchandifes étrangeres font néceffaires pour favorifer le Commerce national. Sans Impôts, dit l'Auteur de l'excellent Ouvrage intitulé *Recherches & Confidérations fur les Finances* ; « fans » Impôts, l'induftrie naiffante d'une Nation » fouffriroit trop de la rivalité ambitieufe de » l'induftrie étrangere ». Peut-être que fi toutes les Nations de l'Europe aboliffoient réciproquement les droits & les prohibitions fur les Denrées & les Marchandifes qui font l'objet de leur Commerce, foit actif, foit paffif, cette nouvelle adminiftration devenue générale, difpenferoit chaque Pays commerçant de faire des loix pour rendre plus difficile, ou pour interdire abfolument l'entrée ou la fortie de certains objets de Commerce ; mais dans l'état préfent des chofes ces loix deviennent néceffaires. Un Peuple commerçant ne peut fe défendre contre une prohibition ou une impofition fur les productions de fon fol ou de fon induftrie, établies chez le Peuple voifin, qu'en interdisant ou en imposant aussi les Denrées & les Marchandises que ce Peuple, son rival, verseroit chez lui.

Si lorsque les Anglois défendent chez eux l'usage des productions des Fabriques Françoises nous nous habillons des étoffes Angloises, la France devient tributaire de l'Angleterre ; les produits de nos Terres, & même ceux de notre industrie dans d'autres genres, seront continuellement transportés, ou en nature, ou en valeur, en Angleterre, pour augmenter chez ces rivaux dangereux la population & l'aisance, tandis que l'une & l'autre diminueront chez nous. De-là la nécessité & l'utilité des prohibitions ou des droits, c'est-à-dire des Tarifs en général. Mais nous nous hâtons, MONSEIGNEUR, de mettre sous vos yeux les preuves sur lesquelles nous nous appuyons, pour avancer que le Tarif proposé par M. le Contrôleur Général ne sauroit être que très-avantageux à la Lorraine en particulier.

Les avantages que procurent à une Nation le travail des matieres premieres mises en œuvre, & portées par l'industrie à une plus grande valeur, sont trop connus pour qu'il soit nécessaire de les développer ici. Par les travaux des Manufactures, les productions du sol, les laines, les chanvres, les soies, deviennent &

plus utiles & plus agréables. Les ouvrages d'un Peuple industrieux franchissent les bornes de l'Etat ; elles vont jusques chez les Etrangers obtenir la préférence sur celles que ceux-ci fabriquent eux-mêmes, & elles en attirent des Denrées que la nature avoit refusées à celui-là, ou ne lui avoit pas données en assez grande abondance, ou de l'argent, avec lequel il peut satisfaire à ses besoins & à ses plaisirs.

L'Agriculture, qui fournit les matieres que les Manufactures employent, est payée avec usure des fonds qu'elle a fournis à l'industrie ; l'aisance des cultivateurs augmente en même raison que les succès des hommes industrieux, & la population, & la force de l'Etat, viennent à la suite de l'aisance des uns & des autres ; car les progrès de l'Agriculture & des Arts industrieux, marchent d'un pas égal ; encouragez l'Agriculture, les travaux des Arts s'animeront ; encouragez l'Industrie, l'Agriculture sera florissante.

Si donc l'établissement du Tarif en Lorraine tend à animer les travaux de l'industrie dans la Province, son utilité ne peut être révoquée en doute : or c'est l'effet qu'on en doit attendre.

L'état de langueur de nos Manufactures est l'effet de deux causes ; d'un côté, le versement des productions des Manufactures étrangeres dans la Province ; de l'autre, le débouché des Provinces de France fermé à nos Marchandises par les droits exigés à l'entrée de ce Royaume. Le transport des Bureaux sur la Frontiere de la Lorraine, entre l'Etranger & nous, changera cet état de choses à notre avantage.

La principale cause de la langueur & de la décadence de plusieurs Fabriques dans la Province, est le versement des productions des Manufactures étrangeres ; c'est ce qu'il nous est très-facile de démontrer, en partie, d'après les aveux de l'Auteur des Lettres ; & en partie, d'après l'évidence des faits.

L'Auteur des Lettres fait mention de quatre Manufactures d'Etoffes de Laine établies à Nancy ; d'un nombre considérable de Métiers à Bas dans la même Ville ; d'un Corps de Drapiers, distingué & protégé, à S. Nicolas ; de deux Manufactures de Toiles élevées au Neuf-Château, qui faisoient passer des Quintins & des Linons jusqu'en Italie ; d'une Fabrique de Chapeaux à Gerbeviller, & de quantité d'établissemens utiles, protégés & encouragés par nos Souverains : tout ce détail est de l'Auteur même des Lettres.

Tous ces établissemens, depuis environ 20 ans, sont déchus, affoiblis ou anéantis ; c'est encore une vérité que l'Auteur des Lettres reconnoît en plusieurs endroits de son Ouvrage.

Maintenant si le versement des productions des Manufactures étrangeres en Lorraine est augmenté dans la même proportion que nos Manufactures sont diminuées, & cela depuis la même époque, pourra-t-on méconnoître la cause véritable de la décadence dont nous nous plaignons ? pourra-t-on se dissimuler que cette cause est précisément l'introduction libre des productions des Manufactures étrangeres, & ne sera-t-il pas prouvé que le meilleur remede qu'on puisse apporter à ce mal est précisément l'établissement du Tarif ?

Or nous prouvons invinciblement que depuis 25 ou 30 ans le versement des productions des Manufactures étrangeres en Lorraine est augmenté au moins du double. (Nous pourrions aller beaucoup plus loin, sans craindre de nous écarter de la vérité ; mais cette assertion suffit à la cause que nous défendons, & aux conséquences que nous en voulons tirer.)

Selon une balance dressée par les Marchands eux-mêmes, & jointe à un Mémoire qu'ils ont présenté au Roi de Pologne, à son arrivée en Lorraine, balance faite sur des états détaillés, & d'après leurs propres livres, l'exportation des denrées de la Province en 1737, se montoit à . . . . 5260000 liv.

Et l'importation des marchandiſes étrangeres à la ſomme de . . . 5300000 liv.

Voilà un fait, que l'auteur des Lettres ne peut révoquer en doute, puiſqu'il eſt fondé ſur un témoignage qu'il ne ſçauroit récuſer.

Or de 1737 à 1759, l'importation des Marchandiſes étrangeres eſt allée juſqu'à dix & douze millions : nous appuyons cette eſtimation ſur pluſieurs preuves.

Le droit d'entrée, dans la ville de Nancy, ſe perçoit au 96e denier du prix coutant des Marchandiſes qui y entrent. Cette Ferme paye aujourd'hui quarante ſix mille livres de canon; en y ajoûtant les frais de régie, nous aurons au moins cinquante mille livres, qui ſuppoſent la valeur de cinq millions, ou à peu près, pour le prix des Marchandiſes étrangeres qu'on fait entrer à Nancy; ainſi, voilà pour cinq millions de Marchandiſes étrangeres qu'on fait entrer dans la ſeule ville de Nancy. L'Auteur des Lettres ne conteſtera pas la juſteſſe de cette eſtimation, au moins pour les années antérieures à 1759. *

* Cette reſtriction eſt relative à ce que l'Auteur des Lettres reconnoît lui-même, que depuis cette époque, depuis la permiſſion accordée de fabriquer & d'introduire en France des Toiles peintes, le Commerce de nos Marchands, qui étoit fondé en grande partie ſur l'introduction de ces Toiles en France, eſt infiniment déchu.

Or le Commerce qui se fait à Nancy, n'est guere que le tiers de celui qui se fait dans la Province; mais supposons qu'il n'en fasse que la moitié, on conviendra que nous sommes très-modérés, si on se rappelle le nombre des Marchands en gros, établis depuis environ trente ans dans toutes les villes de la Lorraine. Neuf-Château, Bar, Ligny, nous présentoient en 1759, de ces Marchands qui faisoient un commerce de trois à quatre cent mille livres. Saint-Diez, Luneville, Mirecourt, Epinal, Pont-à-Mousson, renferment également quantité de Marchands qui, comme ceux de Bar, Ligny, Neuf-Château, tirent directement de l'étranger les Marchandises qu'ils débitent.

De là nous devons conclure que la totalité des Marchandises qui entroient dans la Province vers 1759, montoit à la valeur de dix millions six cent mille livres, c'est-à-dire, au moins au double de ce qu'elle étoit en 1737.

Un autre calcul nous conduit encore au même résultat de dix millions & plus, de Marchandises étrangeres importées en Lorraine, vers 1759.

1°. L'Auteur des Lettres nous apprend, que de mille Marchands qui sont répandus dans la Lorraine, cent au moins font le commerce en gros, & tiennent magazin de Marchandises étrangeres ; que ces Marchands tirent de Franc-fort, Basle, ou Zursack, des Marchandises de cinquante façons différentes. Qu'entre ces cent Marchands, il y en a qui portent à trois cent mille livres les achats des Marchandises étrangeres ; lui-même étoit autrefois de ce nombre, & il nous fait entendre qu'il y en avoit encore beaucoup d'autres : les plus foibles achats qu'il nous indique sont de cent mille livres.

Nous avons donc en Lorraine, suivant cet Ecrivain, cent Marchands qui faisoient en Allemagne & en Suisse un commerce, les uns de trois cent mille livres, les autres de cent mille livres. Mais pour ne rien outrer, nous supposerons que la moitié de ces cent Marchands, ne faisoient des emplettes que pour cinquante mille livres chacun, ce qui nous donnera en premier lieu . . . . 2500000 l.

Qu'un quart & demi ou trente-sept achetoit chacun pour cent mille livres, ce qui produira en second lieu . . . . 3700000 l.

Et enfin, que les treize qui nous restent, le demi-quart par conséquent, achetoient chacun pour trois cent mille livres, ce qui fera . . . . . 3.900.000 l.

dont la somme totale sera de 10.100.000 l.

3°. L'aveu des Marchands eux-mêmes vient à l'appui de notre estimation. Allarmés sur les effets du Tarif, ils ont publié constamment & hautement que le Tarif les ruineroit, en fermant l'entrée de la Province à douze millions de Marchandises étrangeres, qui leur passoient par les mains.

D'après ces preuves, MONSEIGNEUR, ne sommes-nous pas autorisés à soutenir, que les importations étrangeres sont augmentées de plus du double, depuis 1737 jusqu'en 1759? N'avons-nous pas raison de conclure contre l'Auteur, que cette liberté de Commerce avec l'étranger, a détruit nos Manufactures & nos Fabriques en laines, en lins & en chanvres, puisque leur destruction est venue par degrés, à proportion de l'augmentation successive du Commerce de la Lorraine avec l'étranger, tandis qu'avant le progrès de ce Commerce meurtrier, nous avons vû nos Manufactures & nos Fabriques florissantes? & enfin, ne sommes-nous pas en droit d'espérer que le rétablissement de ces mêmes Manufactures sera l'effet heureux du Tarif, qui détruira cette premiere cause de leur dépérissement?

Nous avons dit que l'autre cause du fâcheux état de nos Manufactures, est l'entrée des Provinces de France fermée aux productions de notre induſtrie ; & l'influence funeſte de cette cauſe ceſſera encore par l'établiſſement du Tarif.

On exige aujourd'hui un droit de vingt à vingt-cinq pour cent à l'entrée des Provinces de France, pour la plus grande partie des Marchandiſes de Lorraine. Ces Marchandiſes ſe trouvent par-là fort augmentées de prix dans les Provinces de France. N'eſt-il pas évident que, ſi l'établiſſement du Tarif leve cette barriere, notre commerce actif avec la France gagnera infiniment ? alors nos verres, nos fers, nos bois, nos planches, nos papiers, *&c.* paſſeront en France avec bien plus d'abondance qu'aujourd'hui. Les étoffes de laine, & les toiles qui ſortiroient de nos Fabriques, pourront pénétrer dans la Champagne du côté de Rheims, dans la Picardie, & même à Paris, où des eſſais ont été envoyés & goûtés. Elles pourront ſoutenir la concurrence des Manufactures Françoiſes, affranchies qu'elles ſeront des droits d'entrée, qui en ont juſqu'à préſent arrêté le tranſport.

Il eſt vrai que l'Auteur des Lettres dit, qu'en donnant des exemptions *aux Marchandiſes patrimoniales* de la Lorraine, à leur entrée en France, on ne nous accorde *qu'une légere faveur*. p. 37. Mais lui-même, à la page 29. appelle ces exemptions, *des avantages très-précieux*. Nous les avons toujours regardés comme abſolument néceſſaires & comme étant de la plus grande importance pour la Province. C'eſt là ſubſtance des juſtes demandes que nous avons faites au Miniſtere François, depuis près de 30 ans. Comment l'Auteur des Lettres dément-il aujourd'hui ſur cela des principes qu'il adopte ailleurs, & qui ſont auſſi généralement reçus qu'ils ſont inconteſtables ?

Mais, dit l'Auteur des Lettres, quels biens nous apportera le Tarif, relativement aux exemptions des droits, dont nous ne jouiſſions déjà ? Nous achetons, dit-il, dans les Villes Françoiſes toutes les Marchandiſes de leurs Fabriques, ſans payer, même hors le tems de foire comme les François, les droits des Tarifs de 1664, 1667, & des nouveaux Arrêts. Nous recevons à meilleur prix, qu'aucune Province de France, les Marchandiſes de France & des Iſles Françoiſes; nos bois, nos grains, nos beſtiaux y ſont affranchis de tout droit ; nos verres, nos fers-blancs, & beaucoup de productions de nos Manufactures, obtiennent journellement des décharges & des remiſes, ſur les droits d'entrée, fixés par les Tarifs, *&c.* Nous avons donc peu de choſe à gagner à la ſuppreſſion de la barriere, entre la France & nous ; ainſi nous ne devons pas être aſſujettis au Tarif.

Nous répondrons 1°. que les exemptions qu'on nous a accordées, ne ſuffiſent pas pour ranimer notre Commerce avec la France, qui ſera toujours languiſſant, tant que les productions de nos Manufactures auront à ſupporter des droits à l'entrée de ce Royaume, & qu'il y aura une barriere entre la France & nous. L'Auteur dit lui-même, en plus d'un endroit, que notre Commerce avec la France eſt ruineux pour nous. Sans adopter les calculs exagérés qu'il préſente des Marchandiſes de France, qui s'importent en Lorraine, il eſt certain que nous n'y faiſons preſque point de Commerce actif; & il eſt encore certain que le grand obſtacle, à ce que nous en faſſions, eſt l'impoſſibilité où ſont les productions de nos Manufactures, de ſoutenir la concurrence de celles de France, après avoir payé des droits à l'entrée du Royaume.

2°. Nous ne pouvons pas raiſonnablement oppoſer au projet de Tarif des avantages, dont nous ne ſommes redevables qu'aux principes même, ſur leſquels on fonde la néceſſité du Tarif. Si on nous accorde des exemtions, & des modérations des droits établis, c'eſt que la Lorraine faiſant eſſentiellement partie de la France, nous ne devons pas être regardés comme étrangers par rapport à ce Royaume; que nous ſommes compatriotes & concitoyens des François; que contribuant aux charges de l'État, il eſt juſte que nous en partagions les avantages. Mais toutes ces considérations si équitables & si justes, tendent aussi à justifier la suppression des Bureaux entre la France & nous, & l'établissement du Tarif. Si nous sommes les citoyens d'un même État avec les François, les faveurs doivent être égales entre eux & nous ; mais si nous voulons nous-mêmes être regardés comme étrangers, ne pouvons-nous pas craindre que le Gouvernement François ne nous traite comme tels, & ne nous retire, ou ne nous refuse désormais des exemtions qui nous sont si nécessaires ?

Nous ne nous sommes pas refusés à ces réflexions, quoiqu'elles paroissent fournir des armes contre nous-mêmes ; 1°. parce qu'elles n'ont pas pû échapper au Ministere François, & qu'en les faisant, nous ne disons rien d'inconnu. 2°. Parce que nous sommes véritablement allarmés des inconvéniens qui résulteroient pour nos Fabriques, du refus des faveurs qui nous sont nécessaires pour notre Commerce de France, que nous aurions désormais à craindre, si le Tarif n'a pas lieu : poursuivons.

L'Auteur des Lettres, pour nous faire révoquer en doute les avantages du Tarif pour la Lorraine, relativement à notre Commerce avec la France, entreprend de prouver que la suppression des Bureaux établis entre la France & nous

nous, fera verser en Lorraine toutes les Marchandises de France, tandis que nous n'en avons presque point à lui donner en échange, & que ce Commerce devenu absolument passif pour la Province, causera bientôt sa ruine entiere. Il s'efforce ensuite de justifier ses craintes, en nous représentant toute la Lorraine comme inondée actuellement des Marchandises de France; les Villes des deux Duchés comme remplies des Marchandises de luxe Françoises, & les gens de la campagne, comme habillés des étoffes de France.

Nous ferons d'abord remarquer le défaut de justesse de ce raisonnement de l'Auteur des Lettres. Si les Marchandises de France inondent à présent la Lorraine, si selon le calcul même de cet Auteur, les $\frac{4}{5}$ des consommations des deux Duchés sont fournis par la France, que reste-t-il donc à perdre à la Province par l'établissement du Tarif? comment représente-t-il un inconvénient qui existe actuellement, comme devant être la suite d'un établissement qui n'existe pas encore?

L'Auteur fournit aussi des armes contre lui-même par ce calcul exagéré de ce que la France fournit à la Lorraine; car on pourra lui dire que, si la France verse chez nous tant de Marchandises, c'est parce que le Tarif qui est établi dans les Provinces de France qui avoisinent la Lorraine, en empêchant l'entrée des productions de l'industrie des Lorrains, a favorisé l'établissement des Manufactures dans ces Provinces Françoises ; ce qui justifieroit le Tarif.

Mais les assertions de l'Auteur des Lettres sur cet article sont manifestement fausses, & démenties par lui-même en d'autres endroits de son Ouvrage.

Ces assertions sont fausses, car tout le monde sait que la Lorraine tire de l'étranger la plus grande partie des Marchandises qui s'y consomment : des Draps du nord, des Droguets & des Camelots d'Angleterre, des Etoffes brochées & unies en soie, des Siamoises & des Mousselines de Suisse ; une quantité immense de Toiles peintes du même Pays, & beaucoup d'Etoffes de différentes especes, fabriquées dans les Villes d'Allemagne : il n'est pas possible de contester ce fait qui est sous les yeux de tout le monde, sans se rendre coupable de mauvaise foi.

Dans la Ville de Nancy, des 223 Marchands qui y sont établis, un seul entre les Magaziniers, tire toutes ses Marchandises de France, trois ou quatre en tiennent à peine un 5e. & dans le reste des deux Duchés, nous avançons qu'à peine trouvera-t-on douze Marchands qui fassent un Commerce direct avec la France; tous ou presque tous tirent des Magazins de Nancy le peu de Marchandises Françoises qu'ils vendent.

L'Auteur des Lettres dément lui-même ailleurs ses propres assertions sur cela, en portant à des sommes considérables le Commerce passif de la Lorraine avec l'étranger; ce qui suppose que la plus grande partie des consommations de la Province, est fournie par les étrangers, & non par la France, & cet Ecrivain peut d'autant moins se refuser à cette conséquence, qu'il va jusqu'à assigner la raison de la préférence des Etoffes étrangeres sur les Etoffes de France, dans leur meilleur marché. Il n'est donc pas vrai, selon lui-même, que les Etoffes de France inondent la Province; mais on a déjà dû remarquer que les contradictions ne lui coûtent rien.

Nous voyons donc dans la suppression des Bureaux entre la France & nous, & par conséquent dans l'établissement du Tarif, un vaste champ ouvert aux productions de notre industrie, une circulation libre de nos Marchandises & de nos denrées dans tout l'intérieur d'un grand Royaume, un avenir heureux pour nos Manufactures, & par une conséquence nécessaire l'encouragement de l'Agriculture, & l'augmentation de l'aisance & de la population.

Tout ce que nous venons d'avancer eſt fondé, comme on le voit, ſur cet unique principe, que pour rendre en Lorraine les Manufactures floriſſantes, & y relever le Commerce abattu, il faut fermer l'entrée de notre Province aux productions des Fabriques étrangeres, & ouvrir la France aux productions des nôtres. C'eſt préciſément ce qu'on a dit il y a vingt-cinq ans, au moment de la ceſſion de la Lorraine à la France, dans un Mémoire avoué par toute la Province, qu'on attribue au Pere même de l'Auteur des Lettres, & dans une circonſtance, où l'on s'exprimoit avec liberté & vérité : voici ce qu'on lit dans ce Mémoire.

« La diſpoſition préſente des affaires publi-
» ques, prépare un moyen qui pourra tout-à-la
» fois animer, & le Manufacturier, & le Mar-
» chand de laine. Ce moyen ſera un plus grand
» débit, qui mettant ce premier plus au large
» du côté du profit, pourra en même temps le
» mettre en état d'exciter mieux par l'intérêt,
» la curioſité du Marchand ſur la préparation
» de ſes laines.

» Ce plus grand débit pourra dériver de deux
» cauſes : la premiere ſera la ceſſation du ver-
» ſement des Draperies de Vervier & autres
» Manufactures du nord, qui ſe répandent ſi
» abondamment dans la Lorraine par la voie de

» Francfort, & le Commerce de Hollande.
» Alors le Regnicole n'ayant plus ſous les yeux
» ces Draperies étrangeres, ſera contraint à ſe
» borner à celles de ſon Pays, dont le débit de-
» viendra plus abondant, ſans que l'argent ſor-
» te de la Province.

» La ſeconde voie conſiſtera à lever les bor-
» nes impoſées juſqu'à préſent au Commerce
» de Lorraine, limité en ce qui regarde la
» France, à une liberté réciproque de commu-
» nication de vivres, denrées & Marchandiſes
» entre ce Duché & les trois Evêchés. Ces bor-
» nes pourront être levées; & la Lorraine de-
» venue une partie de la France, participera
» à une liberté générale de Commerce dans tout
» le Royaume.

» A la vérité le premier moyen que l'on a
» propoſé, ſemble former quelques difficultés;
» elles regardent le Commerce de Hollande,
» qui juſqu'à préſent a ſi fort enrichi les Mar-
» chands Lorrains. L'interruption de ce Com-
» merce ne deviendra-t-elle pas préjudiciable
» au Pays?

» La réponſe à cela a déjà été prévenue par
» ce qui a été dit ci-devant. L'argent conſervé
» dans le Pays, le plus grand débit de Drape-
» ries dans la Lorraine même, & ſon Com-
» merce ouvert & étendu dans tout le Royau-

» me, bien au-delà des trois Evêchés, formeront pour elle une avantageuse indemnité.

» En effet il faudra raisonner de la Lorraine » unie & incorporée dans le Royaume de » France, différemment de la Lorraine prise » dans sa situation présente. Jusqu'à présent il » falloit que pour le soutien & l'embellissement » de son Commerce, elle eût des ressources » hors d'elle-même ; mais les grands événe- » mens auxquels on s'attend, lui en procure- » ront dans son union avec le grand tout dont » elle fera partie. Alors le système deviendra » nouveau, & les maximes d'Etat différentes » à son égard. Mais l'on s'arrêtera à ces re- » flexions, pour réserver aux grands Maîtres » dans l'art de gouverner les peuples, le droit » de porter plus loin celles qui conviennent sur » une pareille matiere. »

Voilà les principes qui etoient universellement adoptés dans la Province, au moment de sa réunion à la France, & on voit que ce sont précisément les nôtres. Cette conformité nous justifie.

Après avoir prouvé directement l'utilité du nouveau Tarif relativement à la Lorraine, nous allons résoudre les objections de l'Auteur des Lettres.

Vous pourrez être étonné, Monseigneur,

que nous nous flattions de réfuter un ouvrage aussi volumineux que celui de l'Auteur des Lettres, dans un mémoire aussi court que celui que nous avons l'honneur de vous présenter. Mais en laissant de côté les déclamations de cet Ecrivain, les injures qu'il dit aux Fermiers, & les raisons futiles, qui ne méritent pas d'être discutées, nous pouvons être courts, & remplir notre objet.

On peut réduire aux articles suivans toutes les objections que fait l'Auteur des Lettres contre le Tarif.

1°. L'établissement des Bureaux entre les deux Duchés & les pays étrangers, fera perdre à la Lorraine tout le Commerce actif qu'elle fait avec ces pays.

2°. Cet établissement entraînera l'avilissement du produit des terres, que les Etrangers ne viendront plus acheter concurremment avec les François & les Nationaux.

3°. Le Tarif fera perdre aux Lorrains l'avantage qu'ils trouvent dans la liberté de leur communication avec les Etrangers, de recevoir des matieres premieres, des Denrées & des Marchandises de toute espece, à un prix plus modique & plus proportionné à leurs facultés que ne les reçoivent les François soumis aux droits imposés par le Tarif.

4°. La Lorraine perdra tout le Commerce d'économie & d'entrepôt qui l'enrichiſſoit.

5°. Le nouveau Tarif n'eſt pas une loi d'adminiſtration, mais ſeulement une loi burſale, inventée par les Traitans & les travailleurs en Finances.

Nous allons faire voir la foibleſſe de ces objections.

Une remarque générale ſuffira pour répondre à la premiere. Le Tarif ne peut être funeſte au Commerce actif de la Lorraine, que parce qu'il augmenteroit pour l'étranger ou le prix des Denrées, ou celui des matieres premieres, ou celui de nos ouvrages manufacturés, en leur faiſant ſupporter un droit de ſortie qu'elles ne payent point aujourd'hui. (Tous les objets de Commerce peuvent ſe rapporter à l'une de ces trois claſſes.)

Quant aux matieres premieres, ſi les droits qu'elles ſeront obligées de payer à la ſortie en en diminuant le prix pour les Lorrains, favoriſent le progrès de leur induſtrie & l'établiſſement des Manufactures, la Province ne peut que gagner beaucoup à l'établiſſement du Tarif, puiſque c'eſt un principe de Commerce qu'il eſt plus avantageux à une Nation de mettre elle-même en œuvre ſes matieres premieres que de les vendre brutes.

Des droits de ſortie payés par les Marchandiſes manufacturées, ne peuvent pas détruire cette partie de notre Commerce actif. Ces droits qui ne ſont pas fixés, ne le ſeront ſans doute que d'une maniere qui permettra encore aux productions de notre induſtrie de ſoutenir la concurrence des productions des Manufactures étrangeres dans le Pays que nous approviſionnons aujourd'hui ; nous devons en être d'autant plus perſuadés, que c'eſt ſur la fixation même de ces droits que nous ſommes conſultés. Le Miniſtere qui a pour objet de rendre plus floriſſant le Commerce du Royaume, & par conſéquent celui de la Lorraine, qui en fait éventuellement partie, manqueroit ſon but ſi des droits exceſſifs nuiſoient à nos exportations : il n'eſt pas raiſonnable de lui ſuppoſer le projet inſenſé & contraire à ſes propres intérêts, d'anéantir le Commerce de la Lorraine ſans aucun fruit pour les anciens ſujets de la Couronne. A la vérité l'Auteur des Lettres part dans tout ſon Ouvrage d'après cette ſuppoſition, mais elle n'en eſt ni plus équitable, ni plus vraiſemblable. Si donc on impoſe des droits ſur nos Marchandiſes, on les déterminera ſans doute à une quotité telle, qu'en fourniſſant à l'Etat le ſecours dont il a beſoin, elle ne nuira pas à notre Commerce au-dehors, ſans lequel l'Etat entier perdroit de ſa richeſſe & de ſa force. L'intérêt de la France même ſe trouvant indiviſiblement lié avec le nôtre à cet égard, c'en eſt aſſez pour raſſurer ſur les ſuites du Tarif, relativement aux exportations de nos Ouvrages manufacturés.

Enfin le Commerce des Denrées de la Province ne ſouffrira pas davantage de l'établiſſement du Tarif, par la raiſon générale que ces Denrées étant preſque toutes ſoumiſes à des droits modiques, ſe trouveront également convenir aux étrangers qui les achetoient; l'Auteur des Lettres n'apporte aucune raiſon du contraire qui mérite la peine d'être réfutée.

Un ſeul article de nos Denrées peut faire ici quelque difficulté; les droits impoſés ſur les vins à leur ſortie pourront en diminuer l'exportation. Mais n'avons-nous pas lieu d'eſpérer que ces droits, qui ne ſont pas encore fixés, ne ſeront pas portés à une quotité trop conſidérable pour nuire à cette partie intéreſſante du Commerce de notre Province? L'Auteur des Lettres au lieu de ſe livrer à des déclamations, n'auroit-il pas mieux fait d'examiner ſoigneuſement quels droits peut ſupporter cette Denrée, qui, n'étant pas après tout de premiere néceſſité, comme les Grains, ni d'une auſſi grande importance pour l'Etat, & relativement à d'autres circonſtances, peut être ſoumiſe à certaines impoſitions plutôt que d'autres Denrées ?

N'auroit-il pas mieux fait de propoſer les raiſons qui nous font déſirer que le droit propoſé dans le projet de Tarif ſoit diminué, & de déterminer juſqu'à quel point il doit l'être ? mais il étoit incapable de cette diſcuſſion modérée. Quoi qu'il en ſoit, nous avouons que cet article doit être examiné avec ſoin, & nous eſpérons que le Miniſtere aura égard ſur cela aux repréſentations de la Province, ſoit en diminuant généralement les droits ſur les Vins, ſoit en en mettant à couvert, à cet égard par quelqu'autre moyen, les intérêts de la Lorraine, qui ſont indiviſiblement liés avec ceux du Royaume entier.

Mais quel eſt donc, après tout, ce Commerce étranger, pour lequel l'Auteur des Lettres paroît ſi allarmé ? A l'entendre, il eſt conſidérable ; il enfle prodigieuſement notre Commerce actif avec les Etrangers, avec Francfort, & avec les Suiſſes en particulier, & réduit preſque à rien les Marchandiſes que nous en recevons ; ſur l'un & ſur l'autre de ces objets, il en impoſe à ſes lecteurs.

Nous achetons à Francfort des Indiennes & des Toiles blanches, des Draps d'Angleterre, appellés vulgairement Draps du Nord, (quoique depuis quelque tems nos Marchands en faſſent venir une grande quantité d'Angleterre même,) & une infinité d'Etoffes, à l'inſtar de celles qui ſe fabriquent dans les Manufactures de France, & qu'on pourroit imiter facilement en Lorraine. D'un autre côté, ſi nous en croyons des Marchands mêmes, nous n'envoyons rien, ou preſque rien, à Francfort, ſi l'on en excepte des Dentelles de Mirecourt, & quelques autres objets d'une très-petite importance. L'Auteur des Lettres fait mention d'Huile de Navette & d'Eau-de-Vie. Ces Huiles de Navette reviennent ſouvent dans ſon Ouvrage; à l'en croire, nous en faiſons des envois en Suiſſe, dans le pays du Luxembourg, dans le Comté de Chiny, & dans toutes les autres Principautés qui nous avoiſinnent. Pour fournir à tant d'exportations, il faudroit qu'une grande partie du territoire de la Province fût occupée par cette culture, & le fait eſt qu'elle n'eſt pas auſſi conſidérable qu'il veut le faire entendre.

L'Auteur des Lettres nous trace un tableau tout auſſi infidele du Commerce de la Lorraine avec la Suiſſe; ſi nous l'en croyons, les emplettes que nous faiſons chez les Suiſſes ſe bornent à bien peu de choſes, à des Toiles peintes & blanches, à quelques Rubans & quelques

Merceries, & nous leur donnons en échange des Sels, des Blés, des Eaux-de-Vie, des Huiles de Navette, des Vins, des Chandelles, des Laines, des Drogues, des Teintures, &c.

Tout ceci n'est pas exact.

Parmi les objets de notre Commerce actif avec les Suisses, l'Auteur des Lettres parle de Vins, & il ne s'en exporte presque point en Suisse, ni de Blés, & il est prouvé, par le relevé des Bureaux de l'Intendance, que les Suisses n'en tirent que fort peu & fort rarement, & cela seulement lorsque cette Denrée est rare ou chere chez leurs autres voisins. On doit dire la même chose de nos Eaux-de-Vie & de nos Huiles. Pour les Huiles en particulier, depuis deux ans ils les ont fort négligées, & généralement ils n'en prennent que lorsqu'elles sont à très-bas prix. Les Chandelles, dont parle l'Auteur des Lettres, sont aussi un très-petit objet, & ce Commerce se réduit à quelques caisses de peu de valeur.

Le seul Commerce actif de notre Province avec les Suisses, qui mérite quelque considération, est celui de nos Laines & celui de nos Sels; mais il y a quelques observations à faire, qui réduisent à leur juste valeur les exagérations de l'Auteur des Lettres sur cette matiere, & qui détruisent les conséquences qu'il veut en tirer.

La premiere, eſt que la vente de nos Laines aux Suiſſes n'eſt pas un bien pour la Province, puiſque c'eſt une matiere premiere qu'il nous ſeroit plus avantageux de fabriquer que de vendre brute pour la racheter enſuite manufacturée.

La ſeconde, que nos Sels ſont pour les Suiſſes une Denrée de néceſſité, qu'ils acheteront toujours chez nous, parce que nous ſommes leurs plus proches voiſins, & qu'ils les acheteroient plus chers chez les autres. Ajoutons que ce Sel, étant entre les mains des Fermiers du Roi, ne peut être regardé comme un objet de Commerce de la Province, qu'on puiſſe faire valoir comme une partie de ſon Commerce actif, lorſqu'il eſt queſtion d'eſtimer les effets du Tarif. Que le Tarif s'établiſſe en Lorraine, ou non, cette partie du Commerce actif ne peut être ſujette à aucun changement; on ne voit donc pas à quel propos l'Auteur des Lettres fait ici mention de notre Commerce de Sel avec la Suiſſe, ni quelle conſéquence il prétend tirer de ſes obſervations ſur cela contre le projet du Tarif.

Quant aux Marchandiſes que nous recevons des Suiſſes, on a vû que l'Auteur des Lettres dit, comme en paſſant, que nous tirons d'eux des Toiles peintes & blanches, quelques Rubans & quelques Merceries. Voilà un exposé bien modeste ; mais il faut savoir que ces Toiles, ces Rubans & ces Merceries, sont des objets de la plus grande importance, dont l'importation est infiniment funeste à la Lorraine, & qui sont bien plus considérables que l'Auteur des Lettres ne le prétend.

Ces objets de Commerce sont la Rubannerie en soie, fleuret & fil, des Mouchoirs de soie de toutes qualités, des Siamoises trois quarts, cinq quarts ; Toiles à carreaux, Toiles de coton, de coton & fil, de coton brodé, de coton & soie brochées ; des Etoffes de soie unies, façon de Gros de Tours, Etoffes damassées, Etoffes de coton & soie, filoselle & soie, &c. des quincailleries de toutes especes ; des Bonneteries de toutes qualités, en soie, laines peignées & cardées. Voilà, MONSEIGNEUR, l'objet du Commerce de nos Marchands avec la Suisse, qui s'augmente tous les jours, & qui favorise chez nos rivaux l'établissement d'une infinité de Fabriques, tandis qu'il est un obstacle continuel à la prospérité & à la multiplication des nôtres.

Il est bien à souhaiter, pour les intérêts de la Province, que le Tarif proposé vienne retrancher les trois quarts & demi de ce ruineux Commerce, on conserveroit dans le Pays des millions que nous allons porter aux Suisses pour des Marchandises que tout nous invite à fabriquer chez nous, dont la fabrication nourriroit & entretiendroit des milliers de familles.

Tous les détails qu'on vient de voir sont très-directement relatifs à la question que nous traitons, & nous fournissent contre l'Auteur des Lettres l'argument suivant, qui suffit pour nous rassurer sur les suites du Tarif par rapport à notre Commerce avec l'Etranger. Le Commerce qu'il est le plus important de conserver à la Province, est sans doute son Commerce actif; (nous parlerons plus bas de son Commerce interlope.)

Si ce Commerce, sans être soumis au Tarif, avoit prospéré, on seroit peut-être autorisé à craindre que le changement qu'on veut introduire ne fût funeste à la Province; mais il est manifeste que la Lorraine n'a que fort peu de Commerce actif, & que son Commerce passif est au contraire infiniment considérable. Que craint-on donc du Tarif? Ne doit-on pas espépérer au contraire qu'il procurera à la Province la diminution du Commerce passif, & l'augmentation du Commerce actif, la vraie source de la richesse & de la force d'un Pays?

Nous ne pouvons pas nous dispenser à ce sujet de relever les contradictions de l'Auteur des Lettres

Lettres avec lui-même, lorſqu'il parle de l'état du Commerce de la Lorraine ; il en fait deux tableaux abſolument différens l'un de l'autre.

Lorſqu'il veut rendre le Tarif odieux, & prouver que la Lorraine ne peut pas ſe paſſer de Marchandiſes étrangeres, il dit, qu'à *l'aſpect du Tarif on verra diſparoître des familles chaſſées par le beſoin, & qui iront chercher chez l'Etranger une ſubſiſtance qu'elles ne trouveront plus dans leur Patrie*, Lettre IV. Que la pauvreté de la Lorraine ne permet pas à ſes Habitans de ſe vêtir d'autres Etoffes que de Toiles peintes & d'Etoffes étrangeres, &c. dont l'uſage s'accorde mieux, dit-il, avec leur médiocrité & l'état de leur bourſe.

D'un autre côté, lorſqu'on lui oppoſe que le Tarif eſt néceſſaire en Lorraine pour y favoriſer les progrès de l'induſtrie, qui y eſt languiſſante pour y élever des Manufactures, &c. le même Ecrivain prétend que le Commerce de la Lorraine n'a pas beſoin de ces reſſources ; que notre induſtrie *a réaliſé le fameux projet de Lucius Verus, de joindre les deux Mers par un Canal, entre la Saone & la Moſelle* ; que depuis 40 ans *il s'eſt établi dans les deux Duchés un nombre conſidérable de Négocians habiles, qui connoiſſent avec préciſion les lieux où croiſſent & où ſe fabriquent les Denrées & les Marchandiſes néceſſaires à tout genre de consommation, & qui ont des correspondances directes avec toutes les Places de l'Europe;* que nos compatriotes font passer en Allemagne & en Hollande des Marchandises de toute espece: en un mot, que la Lorraine a un Commerce florissant & plus florissant que celui des Provinces de France assujetties au Tarif; cette contradiction si marquée regne dans tout son Ouvrage. Il s'en est sans doute apperçu; mais il a cru que ses lecteurs ne s'en appercevroient pas, & il s'est trompé: de ces deux tableaux si différens, le premier est le seul vrai. Le Commerce actif de la Lorraine est dans un état languissant, & a besoin d'être ranimé par toutes sortes de moyens; mais supposons qu'il est aussi considérable que le prétend l'Auteur des Lettres, & examinons les raisons sur lesquelles cet Ecrivain s'appuie, pour avancer que sa destruction entiere sera l'effet de l'établissement du Tarif.

Les Etrangers, dit-il, ne recevront plus rien de nous si leurs Marchandises manufacturées sont taxées à l'entrée de la Province; ils se vengeront de ce que nous aurons imposé les leurs, en imposant les nôtres, ou même en les prohibant absolument.

1°. Les différens Peuples qui reçoivent les productions de notre sol, ou de notre industrie, le reçoivent, ou parce qu'elles sont nécessaires à leur consommation, ou parce qu'elles leur sont utiles pour un Commerce qu'ils font avec un Pays plus éloigné de nous qu'ils ne le sont eux-mêmes ; ou parce que, sans être ni nécessaires, ni simplement utiles, elles leur sont agréables. Dans tous ces cas, la mauvaise humeur, quelque forte qu'on la suppose, ne sera jamais capable de les déterminer à se passer de nos Denrées & de nos Marchandises : un motif aussi puérile ne les engagera pas à se passer de ce qui leur est nécessaire, ou à se priver de ce qui leur fournit la matiere d'un Commerce lucratif, ou de ce qui leur est simplement agréable. Penser différemment, ce seroit mal connoître les hommes.

Nous remarquerons à ce sujet, qu'il ne tient pas à cet Ecrivain que les Princes voisins ne s'arment en effet contre le Tarif, & ne se vengent du Ministere François, en interdisant à leurs Sujets tout Commerce avec nous ; c'est pour cela qu'il exagere le tort que fera le Tarif aux Pays étrangers qui nous avoisinent. Il va sonnant le tocsin dans le Cabinet de ces Princes ; il les rappelle aux Traités faits entr'eux & les Ducs de Lorraine & de Bar ; il les fait souvenir qu'ils ont aussi le droit de proscrire les Marchandises de France ; il regrette que leurs oppoſitions ne ſe faſſent pas ſentir : en un mot, tout ſon Ouvrage reſpire par-tout la paſſion, & un projet formé de rendre odieuſe une des démarches du Miniſtere, les plus ſages, les plus conformes au bien du Commerce, & les plus ardemment ſouhaitées par tous les bons Citoyens.

Mais il ſuffit encore ici, comme ſur beaucoup d'autres aſſertions de l'Auteur des Lettres, de l'oppoſer lui-même à lui-même. On vient de voir que, ſelon cet Ecrivain, l'établiſſement du Tarif eſt tout-à-fait injuſte, par rapport aux Nations étrangeres; que les Allemands, les Suiſſes, les Hollandois, ne manqueront pas de réclamer & de fermer pour repréſailles l'entrée de leurs Pays à toutes les Marchandiſes de France & de Lorraine : toutes ces déclamations ſe trouvent dans la ſeptieme Lettre, pag. 175, 176 & 184. Or, dans la même Lettre, le même Auteur prétend que les Princes voiſins *ne ſeront pas fâchés* de l'établiſſement du Tarif. Que *depuis l'Edit des Cuirs, qui a aſſimilé la Prevôté de Sarlouis à la France, quant à cette partie, les Allemands, nos voiſins, ſont devenus les Tanneurs & les Cordonniers de toute la Prevôté; que les Marchands de Deux-Ponts & des Villes étrangeres qui bordent la Sarre, ſe félicitent d'avance de l'établiſſement du Tarif,*

& se flattent que leur Commerce va revenir infiniment plus florissant, &c. Comment l'Auteur des Lettres a-t-il pû se permettre des contradictions si grossieres ?

Si les Princes Allemands ont tant d'avantage à espérer de l'établissement du Tarif en Lorraine, ils ne chercheront donc pas à se venger de la France, en fermant l'entrée de leurs Etats aux Denrées & aux Marchandises des deux Duchés ; ou s'ils ont à se venger, l'établissement du Tarif ne leur aura donc pas été avantageux, au préjudice de la France & de la Lorraine.

Ajoutons une réflexion, qui fera sentir la foiblesse de cette objection de l'Auteur des Lettres. A l'entendre, les Habitans de Francfort ne voudront plus prendre nos Denrées si on impose un droit à l'entrée en France sur les Marchandises que nous achetons aux Foires de Francfort. Pour détruire ce raisonnement, il suffit de remarquer que les Foires de Francfort sont formées principalement par le concours des Marchands Suisses, qui y portent leurs Mousselines, leurs Indiennes, leurs Toiles blanches ; des Saxons, des Brandebourgeois, des Bohémiens, qui y conduisent des Etoffes de différentes especes & de quantité ; & d'autres Peuples d'Allemagne encore plus éloignés de nous.

Dire donc, avec l'Auteur des Lettres, que les Habitans de Francfort ne tireront plus nos Marchandiſes & nos Denrées, parce que les Marchandiſes achetées à leurs Foires ſeront ſujettes à des droits d'entrée en Lorraine, c'eſt prétendre qu'ils prendront parti pour les Suiſſes, les Saxons, les Bohémiens, les Pruſſiens, &c. ce qui eſt abſurde.

Enfin, comme les Habitans de Francfort achetent nos Denrées, non pas pour nous obliger, mais bien pour les revendre aux Peuples de l'Allemagne, qui ſont plus éloignés de nous qu'eux-mêmes, & que ce Tarif n'empêchera pas que ce Commerce ne continue de leur être avantageux, ils le continueront.

Mais ce n'eſt qu'à la faveur des contre-voitures, dit l'Auteur des Lettres, que les Habitans de Francfort nous enlevent nos Denrées; ainſi, s'ils ceſſent d'apporter leurs Marchandiſes en Lorraine, ils ceſſeront d'en enlever les productions. L'Auteur des Lettres fait beaucoup valoir cet argument, qu'il applique auſſi à notre Commerce avec la Suiſſe.

Nous répondrons; 1°. la plus grande partie du Commerce actif que nous avons avec Francfort ſe fait dans les tems des Foires: or, pour les exportations que nous faiſons aux deux Foires de Francfort, nous ne nous ſervons pas de contre-voitures. Tel eſt en particulier notre Commerce de Dentelles de Mirecourt, (qui, ſelon le calcul même de l'Auteur, ſont l'article le plus conſidérable de notre exportation); nos Marchands les portent eux-mêmes à la Foire, pour les vendre aux Commerçans de différentes Nations qui y abordent, & ce Commerce eſt abſolument indépendant des contre-voitures. Ajoutons, qu'il eſt abſurde de ſuppoſer que les Voitures ſoient un objet de quelque importance dans un Commerce de Dentelles.

2°. Pour qu'on puiſſe craindre raiſonnablement la diminution de notre Commerce actif avec Francfort, à raiſon du défaut de contre-voitures, il faudroit que le nouveau Tarif diminuât les importations des Marchandiſes qui nous viennent de Francfort aſſez conſidérablement, pour que la quantité des Voitures employées à cette importation chez nous, ne pût pas ſuffire à exporter ce que nous envoyons nous-mêmes actuellement à Francfort. Or, en accordant à l'Auteur des Lettres que l'établiſſement du Tarif diminuera les importations étrangeres, s'il eſt de bonne foi, il doit convenir que ces importations demeureront toujours aſſez conſidérables pour nous procurer le peu de contre-voitures dont nous avons beſoin pour nos propres exportations, puiſqu'après tout l'importation des Etrangers furpaffe de beaucoup notre exportation actuelle, & qu'à peine la dixieme partie des Voitures de Francfort fert-elle de contre-voitures pour nos Denrées dans l'état actuel des chofes ; que fi, comme cela doit arriver, nos exportations augmentent, cette augmentation même nous mettra en état de fupporter les frais de Voitures, même fans avoir des retours.

3°. Quoique en matiere de Commerce, il faille calculer les plus petites économies, il eft cependant déraifonnable de fuppofer qu'un Commerce fondé fur des befoins, tel que celui que les Habitans de Francfort, ou plutôt les Marchands de diverfes nations qui fe raffemblent à fes Foires ont avec nous, qu'un Commerce, dis-je, de cette nature foit anéanti, parce qu'il fe fera fur les frais de tranfport une augmentation prefqu'infenfible. Or l'augmentation réfultante du défaut de contre-voitures ne fçauroit être confidérable ; un Voiturier qui retourne ne donne pas fa voiture pour rien au Négotiant, qui veut lui faire un chargement.

4°. L'Auteur des Lettres qui fait valoir fi fort l'avantage des contre-voitures, n'a pas fait attention que cet avantage tourne entierement au profit de nos rivaux ; car, au moyen de ce que nous ne commerçons avec eux que par des contre-voitures, ce sont eux qui retirent tout le bénéfice de la voiture. Ce sont les Liégeois qui viennent en Lorraine, & qui y font d'abord sur leurs Cuirs, & ensuite sur nos Vins, lebénéfice du transport. Croira-t-on que la petite diminution de prix que peut nous faire un voiturier Liégeois, dédommage la Province de ce qu'elle ne transporte pas elle-même ses denrées avec ses hommes & ses chevaux ?

Nous ne nous étendrons pas d'avantage sur cette reflexion, qui doit se présenter à toutes les personnes un peu instruites en matiere de Commerce, & qui est échappée à l'Auteur des Lettres.

5°. L'Auteur des Lettres a-t-il calculé avec précision ce qu'il en coûtera de plus ? Est-il sûr que les Denrées & les Marchandises que nous envoyons à Francfort, ne peuvent supporter aucune augmentation de prix chez l'Etranger, sans être entierement abandonnées ? Que ce Commerce tient absolument à tel & tel prix des voitures ? que nos Négocians même, en les supposant obligés, d'envoyer à droiture, ne trouvent pas des ressources d'économie qui les dédommageront du défaut de contre-voitures ? *&c.*

On voit par ces détails, que nous pourrions pousser plus loin, avec quelle affectation l'Auteur des Lettres grossit de petits objets, pour en faire des monstres, & avec quelle légereté il décide par des assertions vagues, une question de Commerce qui demanderoit une grande connoissance des détails.

Pour terminer ce que nous avons à dire du Commerce actif des deux Duchés avec les Pays étrangers, nous remarquerons qu'outre Francfort & les Suisses, dont nous avons parlé dans ce qu'on vient de lire, le peu de Commerce actif que nous avons se fait avec le Pays de Luxembourg & le Comté de Chiny, la Principauté de Salm, le Duché des Deux-Ponts, le Comté de la Leyne & de la Hollande.

Les Pays de Luxembourg, & le Comté de Chiny reçoivent de nous des Blés, des Vins, des Papiers, & des Huiles. La Principauté de Salm, les Deux-Ponts, le Comté de la Leyne, des Etoffes, des Cuirs tannés, des Peaux apprêtées, des Blés, des Vins, des Eaux-de-vie, des Huiles, des Fers, des Chandelles, des Crins, *&c.* la Hollande, des Aciers, & des Bois. Ces objets de Commerce sont, ou des matieres qui ont reçu une nouvelle valeur dans nos Manufactures, qui ne payeront que des droits de sortie modérés, avec lesquels elles pourront encore le disputer aux productions des Manufactures étrangeres, ou des Denrées de néceſſité,[1] comme des Blés, des Grains; des Huiles, dont les droits de ſortie ſont ou nuls, ou modiques. Pour la Hollande en particulier, le droit de ſortie ſur les matieres qu'elle prend de nous, ne peut être & ne ſera que modique; & un droit modique ne rebutera pas des conſommateurs, ſur-tout pour des Marchandiſes qui ſont pour eux d'une grande néceſſité. Les Hollandois peuvent difficilement ſe paſſer de nos Fers, de nos Aciers & de nos Bois; ces mêmes Marchandiſes ont été conſtamment plus cheres dans la guerre préſente de plus de 30 pour cent, ſans que les exportations en ſoient diminuées. On voit par-là combien les craintes qu'il veut inſpirer, ſeroient frivoles & malfondées.

Enfin une derniere réflexion de l'Auteur des Lettres contre le projet de fermer l'entrée de la Lorraine aux productions des Manufactures étrangeres, eſt que les Habitans des deux Duchés s'expatrieront; *parce qu'ils ne pourront plus uſer de telles & telles Etoffes, dont leur goût & leur œconomie leur faiſoient deſirer l'uſage, & parce qu'ils les envieront à leurs voiſins étrangers, qui à quatre pas d'eux, ignorent cette eſpece d'entraves: & quelles conſidérations pourroient les retenir?*

Nous pouvons dire d'abord que le deſir de ſe vêtir d'une certaine eſpece d'Etoffe plutôt que d'une autre, ne peut jamais être une raiſon ſuffiſante de s'expatrier, & qu'il ne faut pas de grandes conſidérations pour retenir des gens qui n'auroient pas de plus puiſſans motifs. Nous n'avons point vu d'émigrations des Habitans de la Champagne en Lorraine, quoiqu'on ait pû ſe vêtir en Lorraine de Toiles étrangeres, & de Draps Anglois, ce que ne pouvoient pas les Champénois. Les émigrations paſſées, dont l'Auteur des Lettres parle, n'ont rien de commun avec le Tarif, qui n'étoit pas encore etabli lorſque la Province en a ſouffert. On doit en conclure au contraire que puiſque ces émigrations ont eu lieu dans un tems, où la Province jouiſſoit des priviléges, pour leſquels l'Auteur des Lettres combat avec tant de chaleur; ces priviléges, cette liberté qu'il vante tant, ne ſuffiſent donc pas pour maintenir la Lorraine dans un état heureux. Il n'eût pas été difficile, dit l'Auteur des Lettres, de retenir les familles fugitives, elles ne demandoient que du pain. Ces familles manquoient donc de pain, quoique la Province ne fût pas accablée ſous le joug du Tarif, elles manquoient de pain; quoique le Commerce d'entrepôt, ſource féconde de richeſſes & d'aiſance pour la Lorraine, ſi l'on en croit l'Auteur, quoique ce Commerce fût abſolument libre; elles manquoient de pain, mais c'eſt préciſément pour leur en procurer, qu'il faut travailler à ranimer l'induſtrie nationale, ſans laquelle il n'y a jamais d'aiſance pour le peuple.

Ainſi l'Auteur des Lettres eſt bien mal-adroit de citer ces émigrations, & cet état fâcheux de la Lorraine, en combattant l'établiſſement du nouveau Tarif; car il fortifie par-là notre grand argument. Si la Province eſt malheureuſe, lui dirons-nous, c'eſt que le Commerce d'entrepôt, à plus forte raiſon le Commerce de contrebande auxquels la Lorraine eſt réduite, ne ſuffiſent pas pour y répandre l'aiſance, enrichiſſent quelques particuliers, ſans fournir au peuple des moyens ſuffiſans de ſubſiſtance, & que le Commerce fondé ſur les productions du ſol, & ſur les travaux des Manufactures, eſt le ſeul qui puiſſe entretenir l'abondance & la population qui en eſt la ſuite. Or, continuerons-nous, le tranſport des Bureaux entre l'Etranger & la Lorraine eſt le ſeul moyen de favoriſer l'établiſſement des Manufactures, & par contre-coup l'Agriculture même, en répandant l'aiſance chez les habitans de la campagne. L'Auteur des Lettres devoit donc toujours dire que la Lorraine étoit dans un état très-floriſſant, comme il le dit en quelques endroits; mais la vérité eſt que la Lorraine ſouffre infiniment de cette liberté que l'Auteur des Lettres préconiſe, & la vérité eſt plus forte que la mauvaiſe foi.

Paſſons à la ſeconde objection de l'Auteur des Lettres. L'établiſſement des Bureaux entre l'Etranger & nous, entraînera l'aviliſſement du produit des terres, que les Etrangers ne viendront plus acheter concurremment avec les François. Cette objection fait la matiere de la douziéme Lettre, & c'eſt ſans difficulté celle qui eſt la plus plauſible; nous allons cependant faire voir qu'elle a plus d'apparence que de ſolidité.

Nous convenons d'abord avec l'Auteur des Lettres, *que ce n'eſt pas toujours une mal-adreſſe de vendre ſes matieres premieres, au riſque de les racheter manufacturées*; mais cette conduite ne peut être bonne en économie politique que dans certains cas, avec certaines conditions; & nous avançons que la Lorraine n'eſt point dans ce cas, & que l'exportation des matieres premieres eſt pour cette Province, dans les circonſtances où elle ſe trouve, un vice deſtructif de tout Commerce.

Si l'on ſuppoſe un Pays où les beſoins des Habitans ſoient remplis à peu-près auſſi abondamment que dans les autres ſociétés policées & voiſines, où la richeſſe & la population ſoient relativement à l'étendue & à la fécondité du sol, aussi grandes que dans les Pays voisins; que ces avantages soient dans une pareille nation, ou l'effet de l'agriculture & du Commerce des Denrées que la terre produit, vendues brutes aux Etrangers, ou celui des travaux des Manufactures; c'est une chose indifférente à ce Pays & à cette Nation.

La société y est nombreuse, forte & riche; par quelque route qu'elle soit arrivée à ce but, l'objet de la législation est rempli.

Mais si un Pays est pauvre & mal-peuplé, moins riche, moins heureux & moins florissant que les Pays qui l'environnent, & qu'on recherche les causes du mal, on ne pourra les trouver que dans le *négligement* des travaux de l'Agriculture, & de ceux de l'Industrie. Tel est l'état de la Lorraine; elle n'est ni aussi riche, ni aussi peuplée qu'elle pourroit & qu'elle devroit l'être.

L'Auteur des Lettres le dit lui-même en plus d'un endroit; & quand il n'en conviendroit pas, le fait est sous les yeux de tout le monde. C'est donc en partie dans le défaut des Manufactures que le mal prend sa source; la défense d'exporter les matieres premieres peut donc être un bien relativement à la Lorraine, quoiqu'absolument, & dans des circonstances différentes, *ce ne soit pas toujours une mal-adresse de vendre ses matieres premieres, pour les racheter en suite manufacturées.*

Ce n'est pas toujours une mal-adresse pour une Nation de vendre une partie de ses matieres premieres brutes, lorsqu'une autre partie de ses matieres premieres mise en valeur par les travaux de l'industrie, fournit à cette Nation des profits plus grands que ceux qu'elle auroit fait en travaillant toutes ses matieres premieres.

Si les Lyonnois recueillent des Chanvres, il peut être de leur intérêt de les vendre brutes, & d'acheter des Toiles toutes faites, pour appliquer tous les bras de la Province à fabriquer des Etoffes de soie, dont la vente fournira à la Province des profits plus grands que la fabrication de quelques toiles. Mais si après avoir appliqué aux Manufactures de soie autant d'hommes que l'état du Commerce en demande, il reste des bras oisifs, il sera plus avantageux aux Lyonnois de fabriquer des Toiles, que de vendre leurs Chanvres aux Etrangers : les Lorrains sont assurement dans ce dernier cas.

Mais descendons dans quelques détails.

1°. La concurrence des Etrangers est bien une des causes qui soutiennent le prix des matieres; mais ce n'est pas la seule. Dans un Pays fermé aux Etrangers, mais riche en Manufactures de toile, la culture du chanvre peut être

plus

plus encouragée par la concurrence des ſeuls Nationaux entre eux que par celle des Etrangers avec les Nationaux. Que ſera-ce ſi les Nationaux ne les diſputent pas aux Etrangers? croit-on que les Cultivateurs y gagneroient? c'eſt là cependant ce qui arrive en Lorraine. L'Auteur des Lettres dit que les Laines s'aviliront, ſi les Etrangers n'entrent pas en concurrence avec les Nationaux, & nous diſons qu'elles s'aviliront davantage, ſi les Nationaux n'entrent pas en concurrence avec les Etrangers.

2°. Indépendamment de la concurrence des Nationaux, l'établiſſement des Manufactures favoriſé par la prohibition de la ſortie des matieres premieres, dédommagera avec uſure le Cultivateur de ce défaut de concurrence des Etrangers. Quand ces Laines ſe vendroient un peu moins chérement, ſi la population & l'aiſance, ſuite néceſſaire de l'établiſſement des Manufactures, lui font vendre ſes autres Denrées à meilleur prix, il gagnera encore à la prohibition de la ſortie des Laines.

3°. Si aujourd'hui que le Tarif n'a pas lieu, & que la ſortie des Laines de Lorraine eſt entierement libre, la culture de cette matiere premiere étoit dans un état floriſſant, on pourroit attribuer à bon effet la concurrence des Etrangers, & craindre que le Tarif ne fût funeſte à la

Lorraine, en détruisant cette concurrence ; mais dans le fait, & par l'aveu même de l'Auteur, cette concurrence n'a ni encouragé la multiplication des bestiaux, ni perfectionné les Laines. Car dans la même Lettre il dit, que nos Laines sont fort médiocres, qu'elles ne conviennent aux Etrangers que quand la récolte est abondante, c'est-à-dire quand elles sont à bas prix ; que l'émulation des Cultivateurs sur cet objet de Commerce, a besoin d'être aiguillonné ; que nous avons des Villages entiers dépourvus aujourd'hui de troupeaux, *&c.* Où sont donc les beaux effets de cette concurrence des Etrangers ? Qu'avons-nous donc à craindre de la prohibition de la sortie des Laines, puisque la liberté n'a produit aucun bien ? voilà encore un exemple des contradictions familieres à l'Auteur des Lettres.

Mais, dit cet Ecrivain, *si on livre les Bergeries de Lorraine à nos Fabriquans, exclusivement aux Etrangers, on rendra l'état Fabriquant d'Etoffes de laine, tandis que par sa constitution il doit être Laboureur & Pasteur ? C'est méconnoître les droits du plus grand nombre, contre une poignée d'hommes qui sont les Apôtres de la liberté du Commerce, quand elle les sert, mais qui en deviendroient les destructeurs & les tyrans, quand elle contrarie leurs intérêts personnels.*

Voilà des idées fausses, des contradictions & des injures.

En nous livrant les Laines de la Province, en encourageant nos Fabriques, les Manufactures de laines pourront prospérer, mais l'Etat n'en deviendra pas pour cela Fabriquant d'étoffes de laine. L'agrandissement des Manufactures a des bornes nécessaires, déterminées par l'étendue de la consommation tant intérieure qu'extérieure, par la nécessité des autres genres d'industrie & de travaux, pour satisfaire aux autres besoins, & par une infinité d'autres circonstances.

D'ailleurs, quel inconvénient l'Auteur trouveroit-il à ce qu'un Pays entier fût principalement appliqué à la Fabrique des Etoffes de laine? N'y a-t-il pas des Provinces de France, & des autres Etats de l'Europe, dont les Habitans sont principalement appliqués à un seul genre d'industrie, pourvu que ce genre d'industrie leur fournisse par le Commerce toutes les choses dont ils ont besoin? Quel mal y a-t-il que ce Pays ne soit ni Agriculteur, ni Pasteur? mais il sera l'un & l'autre à la fois.

Il est telle Province dont les productions du sol sont au moins aussi variées que celles de la Lorraine, & très-riches en Fabriques de laine: ces deux choses ne s'excluent pas l'une de l'autre, & peuvent se réunir.

Pour les injures que l'Auteur des Lettres nous adresse, elles ne valent pas la peine d'être relevées. Nous n'avons ni le pouvoir, ni le desir de tyranniser la liberté de Commerce, sans laquelle aucun genre d'industrie ne peut prospérer. Nous ne recueillons ce que dit sur cela l'Auteur des Lettres, que pour vous faire remarquer, MONSEIGNEUR, le peu d'équité & de modération de cet Ecrivain.

La troisieme objection de l'Auteur des Lettres contre le Tarif, est que l'établissement des Bureaux entre la Lorraine & les Pays étrangers, nous fera perdre l'avantage d'acheter des Etrangers des Denrées & toutes sortes de Marchandises, à un prix beaucoup plus modique que les Habitans du Royaume soumis au Tarif.

Pour appuyer son raisonnement, l'Auteur donne pour exemple dans sa quatriéme Lettre, les sucres de Hollande, dont le tonneau payera, dit-il, cinq cens livres d'entrée en Lorraine selon le Tarif, tandis qu'il ne paye aujourd'hui aux Fermiers de la Foraine tout au plus que vingt sols; les Toiles, dont la piece de 36 aulnes supportera, selon lui, un droit équivalant à la valeur de deux chemises, c'est-à-dire, d'un septiéme de la valeur, & plusieurs autres Marchandises sur lesquelles on payera au Fermier selon le nouveau Tarif, le sixiéme ou le cinquiéme de ce qu'elles coûteront. *Voyez la quatrième Lettre* ; voici notre réponſe.

1°. L'Auteur des Lettres préſente ici l'état de la queſtion avec une mauvaiſe foi inexcuſable. En effet les droits exprimés dans la Lettre de Monſeigneur le Contrôleur-Général, ne ſont propoſés que comme des exemples, & non comme une quotité déterminée ſans retour, puiſ-c'eſt ſur cette même quotité qu'on nous conſulte ; d'ailleurs ces mêmes droits ſont plus conſidérables ſur les Marchandiſes étrangeres, qui peuvent nuire aux Manufactures de la Province, que ſur celles qui ſont d'un uſage néceſſaire, & qu'on eſt obligé de tirer de l'Etranger.

On ne ſçauroit voir, ſans étonnement, cet Ecrivain en impoſer à ſes Lecteurs ſur ces circonſtances, dont il étoit cependant très-bien inſtruit. Il repréſente le droit de 20 pour 100 comme fixé ſans retour, & même comme ſuſceptible d'augmentation, ſans l'être de diminution ; & il donne ce même droit de 20 pour 100 comme univerſel, & affectant toutes les Marchandiſes étrangeres, ſans aucune diſtinction de celles dont la Province ou le Royaume auroient des équivalens d'avec celles dont on ne peut ſe pourvoir que chez les Etrangers.

Rien ne peut excuſer cette infidélité de l'Auteur des Lettres dans la maniere de préſenter les objets, & de traiter une queſtion qui intéreſſe auſſi fortement le bien de la Province.

2°. L'exagération, & la fauſſeté des calculs de l'Auteur ſont manifeſtes.

Les droits ſur les Epiceries, par exemple, mentionnés dans la Lettre de Monſeigneur le Contrôleur-Général, ne ſont que de ſept & demi, & non pas de vingt pour cent. Il eſt vrai que comme ils ne ſont pas fixés, nous ne pouvons pas aſſurer qu'ils n'augmenteront pas ; mais l'Auteur des Lettres a bien moins de droit encore d'avancer qu'ils ſeront portés à 20 pour 100. Mais que les droits ſoient de 10 pour 100, par exemple, les exagérations & les plaintes tragiques de l'Auteur à cet égard deviennent riſibles. En effet qu'arrivera-t-il donc de ſi funeſte ? Les Habitans de Nancy payeront le ſucre vingt-ſept ſols & demi la livre, au lieu de vingt cinq ſols, eſt-ce-là dequoi déſoler l'Auteur des Lettres, & dequoi lui faire dire que les Aſſimilateurs, les Travailleurs en Finance, *auront le plaiſir peu humain* de priver la Province de ſucre ?

3°. Les droits impoſés par le nouveau Tarif peuvent être plus conſidérables, ſans être plus à charge à la Province. En effet,

Pour eſtimer ſi ces droits ſont plus ou moins à charge, il ne ſuffit pas d'en faire le calcul abſolu, il faut le comparer aux facultés de ceux qui les payent. Il y a tel pays & telle Province qui ne payent que des droits modiques à leur Souverain, & qui souffrent plus de ces droits modiques, que tel autre qui paye des impôts beaucoup plus considérables. Ce principe ne peut pas être contesté, & il nous semble qu'on peut en faire à la Lorraine une application très-juste. La culture y est négligée, les Manufactures y sont languissantes; cette Province est mise à contribution par tous les Pays voisins qui lui fournissent des Marchandises de toutes especes qu'elle pourroit elle-même se procurer. La nature de son Commerce beaucoup plus passif qu'actif lui fait perdre continuellement des sommes considérables; la population y diminue. Voilà des faits qui sont sous nos yeux; voilà la substance de plaintes que font depuis plus de vingt ans la Province & la Cour Souveraine.

Dans cet état, le fardeau le plus léger peut être encore trop pesant, mais détruisons les causes de cette foiblesse. Rendons aux Manufactures & à l'Agriculture leur activité; changeons la nature de ce Commerce ruineux; élevons entre les Etrangers & la Province une barriere, qui, en empêchant le versement de leurs productions chez nous, encourage notre industrie: en retenant ainsi l'argent dans la Province, & en en augmentant la circulation, nous pourrons payer des droits plus considérables, & les payer plus aisément que ceux auxquels nous sommes soumis aujourd'hui.

4°. Nous pouvons dire à l'Auteur des Lettres, que l'exemption de tous droits sur les Marchandises de France dédommagera la Lorraine de ceux qu'elle payera sur les Marchandises étrangeres ; la circulation intérieure de toutes les Denrées & Marchandises du Royaume, qui sera la suite du Tarif, fera que telle Denrée & telle Marchandise de France, nous coûtera moins cher, parce qu'elle ne payera plus de droits de sortie du Royaume. L'Auteur des Lettres peut d'autant moins se refuser à cet argument, qu'il prétend que la Lorraine est actuellement inondée de Marchandises de France. Sa prétention sur cela est fausse ; mais si dans l'état actuel la Province ne gagnoit pas beaucoup à recevoir libres de tous droits le peu de Marchandises qu'elle tire de France, il n'en sera pas de même quand la barriere qui nous sépare des François sera tout-à-fait renversée, & l'exemption de tous droits sur ce que nous tirerons de France sera un dédommagement, si non entier, au moins considérable, pour ce que nous payerons de droits à la Frontiere entre l'Etranger & nous. L'Auteur des Lettres n'a pas pû se dissimuler cette considération ; mais il n'en a fait mention en aucun endroit, parce qu'il n'est pas de bonne foi.

5°. Dans la question que l'Auteur traite ici, il ne s'agit pas de comparer simplement la quotité du droit imposé par le nouveau Tarif, avec la quotité actuelle de ceux qu'impose la Foraine, mais avec ces droits de Foraine & les inconvéniens, les abus, les embarras de régie de cette même Foraine. En effet, le Commerce peut gagner à payer un droit considérable, si ce droit est payé en une seule fois, & si ce droit une fois acquitté la Marchandise est exempte de toute autre formalité. Or, pour faire juger combien la Foraine est à charge au Commerce de la Province, il nous suffit de renvoyer au tableau que l'Auteur des Lettres trace lui-même, des abus & des embarras de sa régie. Selon cet Ecrivain, p. 81, *elle n'est point administrée dans les principes de modération & de sagesse ; elle présente l'arbitraire, le minutieux, l'aggravant ; elle est contentieuse, on y porte toute la rigueur du droit jusques dans les détails les plus vils ; les Bureaux sont multipliés inutilement ; une multitude de Loix & de Réglemens sollicités, après les méditations les plus profondes, sur les moyens d'augmenter les revenus de la Ferme, jette dans la perception des incertitudes & des difficultés, qui tournent toujours contre le Peuple qui ne ſait pas ſe défendre. Les Peuples chargés d'Impoſitions, de Vingtiemes, de Corvées, regardent la Foraine comme la plus grande de leurs charges; 720 Bureaux, pour la perception de la ſeule Foraine, alimentent un nombre infini de Commis, qui ſe donnent la main pour nous envelopper, & qui trouvent dans l'abus qui les a raſſemblés les moyens d'inſulter à notre miſere en l'augmentant; elle fait perdre chaque jour à la Province, & fait tranſmigrer un nombre effrayant de Citoyens*, &c.

On n'imagineroit jamais la conſéquence que tire l'Auteur des Lettres, de ce que nous venons, MONSEIGNEUR, de mettre ſous vos yeux. A la vue de ces abus, dit-il, il n'eſt pas raiſonnable d'en conclure l'abolition d'un *établiſſement précieux d'ailleurs.* Nous concluons au contraire, & tous les bons eſprits concluront avec nous, qu'il ne faut pas balancer à abolir un établiſſement qui entraîne tant d'abus; mais, dit l'Auteur des Lettres, c'eſt à l'abolition des abus qu'il faut travailler, ſans toucher à la Foraine; *on ſçait bien qu'on abuſe de tout.* C'eſt vraiment une choſe riſible, de voir la Foraine devenir, aux yeux de l'Auteur & de ſes Partiſans, une loi infiniment reſpectable, préciſément parce qu'il eſt queſtion d'y ſubſtituer le nouveau Tarif. On n'abuſe de la Foraine, ſelon eux, que parce qu'on abuſe de tout; mais la vérité eſt que les abus ſont ici preſque inſéparables de la choſe, parce que les abus ne ſont que les précautions mêmes qu'on prend pour la conſervation de la choſe. Selon l'Auteur, il n'y a rien de plus aiſé que de réformer les abus, & il n'y a, dit-il, qu'à *donner ſur la Foraine un Edit applicable à tous les cas poſſibles.* Si l'Auteur étoit en état de donner, en matiere d'adminiſtration, des principes applicables à tous les cas poſſibles, il ſeroit ſans doute un grand homme d'Etat, car la difficulté de perfectionner la légiſlation dans tous les genres, vient principalement de la difficulté de prévoir & d'embraſſer tous les cas poſſibles; mais de ce que l'Auteur des Lettres juge qu'il n'y a rien de plus aiſé que d'atteindre à ce but, on eſt en droit d'en conclure qu'il eſt mal inſtruit ſur les matieres dont il décide ſi légerement.

Il prétend qu'au moyen de quatre ou cinq diſpoſitions, on pourra adminiſtrer la Foraine avec 200 Bureaux, & en retrancher par conſéquent 520. Ce n'eſt pas à nous, MONSEIGNEUR, à juſtifier cette multitude de Bureaux répandus dans la Province, qui y ſont à charge au Peuple, & ſi nuiſibles au Commerce;

mais il nous ſemble que le premier intérêt des Fermiers étant de diminuer leurs frais de régie, ils n'ont gueres pû établir de Bureaux que pour aſſurer la perception des droits. Au reſte, cette réduction des Bureaux eſt préciſément un des avantages qu'on attend de l'établiſſement du nouveau Tarif; il eſt vrai que nous ne pouvons pas nous flatter que le retranchement ſera tout de ſuite de cinq ſeptiemes, mais nous ſoupçonnons que les réductions conſidérables que propoſe l'Auteur, ne ſont pas plus praticables que ce qu'il propoſe de donner ſur la Foraine, un Edit applicable à tous les cas poſſibles. D'ailleurs, quand on entreprendroit aujourd'hui cette réduction, elle rencontreroit trop d'obſtacles, ſans doute, ou de la part des Fermiers, ou de la part de la choſe même, pour que nous puſſions eſpérer une réforme prochaine & ſuffiſante, tandis que le projet du Tarif nous apporte tout-à-coup l'avantage le plus précieux de cette réforme, la liberté des communications & du Commerce dans l'intérieur.

Nous voici parvenus à la diſcuſſion de ce que dit l'Auteur des Lettres ſur le Commerce Interlope de la Lorraine, & ſur le tort que fera l'établiſſement du nouveau Tarif à ce même Commerce.

L'Auteur cherche à obſcurcir la queſtion, en préſentant enſemble à ſes lecteurs, & comme devant également ſouffrir de l'établiſſement du Tarif, & le Commerce d'entrepôt que fait, ou que peut faire, la Lorraine des Denrées & des Marchandiſes de France avec l'Etranger, & le Commerce d'entrepôt que fait, ou que peut faire, la Lorraine des Marchandiſes des Pays étrangers avec la France ; cependant il eſt évident que le premier de ces Commerces ne ſçauroit ſouffrir du Tarif ; que les Marchandiſes de France payent les droits de ſortie à des Bureaux placés entre la France & la Lorraine, ou à la Frontiere de la Lorraine, en entrant dans le Pays étranger ; c'eſt exactement la même choſe pour l'Etranger qui les achete, pourvû que le total des droits ſupportés ne ſoit pas plus conſidérable, ce qui eſt l'eſprit du nouveau Tarif.

En ne parlant donc que des Marchandiſes étrangeres, dont les deux Duchés faiſoient le Commerce d'entrepôt avec la France, il en faut faire deux claſſes ; l'une, de celles qui ſont prohibées en France ; & la deuxieme, de celles qui ne le ſont pas.

Quant aux Marchandiſes étrangeres non prohibées en France, & qui y entrent en acquittant de certains droits, ſi l'on demande à l'Auteur des Lettres en quoi, & comment le verſement que la Lorraine en fait & en peut faire en France, souffrira de l'établissement du nouveau Tarif, il lui sera impossible de donner sur cela une explication satisfaisante ; si le Tarif n'augmente pas la quotité totale des droits que supportent les Marchandises étrangeres à leur entrée en France, que ces droits soient acquittés à leur entrée dans les Provinces de France, ou à leur entrée en Lorraine, pour circuler ensuite librement dans toute l'étendue de la France ; si l'on suppose que dans l'un & dans l'autre cas les droits sont payés, c'est une chose au-moins indifférente aux Habitans des deux Duchés.

Mais si le Tarif diminuoit la quotité totale du droit que paye la Marchandise, il sera manifestement avantageux ; prenons pour exemple les Sucres & Epiceries que nous tirons des Hollandois, pour les porter dans les Provinces de France qui nous avoisinent ; les François payent les droits établis dans l'intérieur de notre Province, & des droits d'entrée considérables à leur introduction en France. Cette surcharge fait que l'Habitant de la Champagne paye ces Denrées plus cher, en les recevant des Hollandois par nos mains ; qu'en les tirant des extrémités de la France, malgré les frais énormes de transport. Le Tarif supprimeroit absolument les droits de Foraine perçus dans les deux Duchés, & changeroit le droit de 20 à 25 pour 100 d'entrée, dans les Provinces de France, en un droit de 7 & demi pour 100 à l'entrée de la Lorraine. Nous aurions donc beaucoup plus de facilité à vendre ces Denrées dans les Provinces de France, que nous n'en avons aujourd'hui; nous pourrions foutenir la concurrence des Marchands de Nantes & de Bordeaux, &c.

En prenant pour exemple les Marchandifes, comme le Sucre, qui payeront un droit affez confidérable, nous raifonnons dans le cas qui nous eft le moins favorable; mais combien d'autres Marchandifes, fur lefquelles notre avantage fera infiniment plus grand; toutes les Matieres premieres, toutes les Drogueries néceffaires aux Teintures: en un mot, toutes les Marchandifes fur lefquelles les droits feront réduits par le nouveau Tarif, nous fourniront l'objet d'un Commerce avantageux avec les Provinces de France, parce qu'en les tirant de Hollande & de l'Etranger, nous pourrons les vendre aux Provinces qui nous avoifinent avec un grand avantage, & en concurrence avec les Négocians des Ports de Mer du Royaume.

Le nouveau Tarif feroit donc favorable à notre Commerce d'entrepôt avec les Provinces de France.

Il ne reste donc plus de Commerce d'entrepôt en Lorraine, auquel l'établissement du nouveau Tarif puisse donner atteinte, que celui des Marchandises non prohibées, mais qui payent des droits en entrant en France, que les Habitans des deux Duchés pourroient verser dans le Royaume en fraudant ces mêmes droits, & celui des Marchandises prohibées que ces mêmes Habitans peuvent verser en France en contrebande : voilà le véritable Commerce Interlope, pour lequel l'Auteur des Lettres est sérieusement allarmé. C'est-là le seul objet de ses craintes, & de celles des Marchands, dont il est l'Avocat; pour s'expliquer nettement, il auroit dû dire, *nous ne voulons point de Tarif, parce qu'il nous fera perdre le Commerce lucratif que nous faisons en versant en France les Marchandises prohibées en contrebande, & les Marchandises étrangeres, non prohibées, en fraudant les droits.*

La question réduite ainsi à ses termes les plus simples, nous combattons les prétentions de l'Auteur des Lettres; 1°. en lui faisant voir que la Province a déja perdu une partie de ce Commerce, & cela par des causes absolument différentes de l'établissement du Tarif. 2°. Que quand cette perte seroit un effet de l'établissement du Tarif, les plaintes & les déclamations

de

de l'Auteur feroient encore injuftes. 3°. Enfin, que ce Commerce perdu pour la Lorraine peut être remplacé par d'autres Commerces plus avantageux à la Province.

1°. La Lorraine a déja perdu une partie du Commerce Interlope, auquel l'Auteur des Lettres eft fi attaché, & cela par des caufes abfolument diftinguées de l'établiffement du Tarif. L'objet principal de ce Commerce étoit, comme on fçait, le verfement des Toiles peintes en France. L'ufage de ces Marchandifes étant défendu dans le Royaume & libre en Lorraine, cette Province fervoit d'entrepôt à toutes celles qu'on introduifoit en France en contrebande.

Nous convenons, avec l'Auteur, que ce Commerce a été fort lucratif, pour plufieurs de nos Marchands. En 1759, le Miniftere de France déterminé par plufieurs motifs très-fages, comme le defir d'établir des Manufactures de Toiles peintes, l'impoffibilité d'empêcher la contrebande qui fe faifoit des Toiles étrangeres, &c. a permis la fabrication des Toiles peintes, & même l'entrée des Toiles étrangeres fous un certain droit. Depuis cette époque, il s'eft élevé dans le Royaume plufieurs Manufactures de Toiles; d'autres, qui étoient établies depuis peu, comme celle d'Orange, en Provence, ſont devenues beaucoup plus floriſſantes, & la partie des Toiles peintes étrangeres, qui ſe conſomment encore en France, s'achete en droiture des Etrangers par les Marchands François. La diminution de ce Commerce en Lorraine, a été une ſuite néceſſaire du changement arrivé en France à cet égard. L'Auteur des Lettres fera-t-il auſſi un crime au Gouvernement François, d'avoir fait perdre à nos Marchands le Commerce des Toiles peintes en France, en levant la prohibition ? La perte de ce Commerce eſt abſolument indépendante du Tarif projetté ; que ce Tarif ait lieu ou non, la Lorraine ſe trouvera toujours dans la même ſituation où elle eſt aujourd'hui par rapport à cette contrebande.

2°. Quand même l'établiſſement du Tarif feroit perdre à la Lorraine le Commerce d'entrepôt des Marchandiſes de contrebande pour la France, les plaintes que l'Auteur des Lettres fait à ce ſujet ſeroient injuſtes : c'eſt la deuxieme propoſition que nous avons à prouver.

La Lorraine fait éventuellement partie du Royaume de France ; cette Province ne peut pas être regardée aujourd'hui de la même maniere qu'avant le Traité de Vienne. Antérieurement à cette époque, elle étoit, par rapport à la France, Province véritablement étrangere ; les intérêts des deux Etats étoient absolument séparés, & quelquefois opposés ; que les Habitans des deux Duchés fissent alors un Commerce de contrebande en France, qu'ils attaquassent les Manufactures Françoises par des importations défendues par les Loix de ce Royaume, qu'ils cherchassent à y verser des Marchandises prohibées, rien de plus simple ; c'est-là un état de guerre innocente entre toutes les Nations concurrentes & rivales.

Aujourd'hui nous ne formons plus avec les François qu'un même Peuple & une même Nation : cet état de guerre ne peut plus subsister ; nos intérêts deviennent communs, & les principes d'administration doivent être les mêmes.

3°. Enfin on a vû, dans tout le cours de ce Mémoire, les preuves de ce que nous avançons, qu'un Commerce avantageux réparera pour la Lorraine la perte de ce Commerce, que l'Auteur des Lettres regrette si fort ; nous ne nous arrêterons pas davantage sur ce sujet.

Il ne nous reste plus qu'à répondre, à ce que dit l'Auteur des Lettres, que *des vûes d'intérêt personnel ont guidé les personnes qui ont proposé l'établissement du Tarif ; que le Tarif est une loi bursale*, inventée par les Financiers, qu'il appelle *Travailleurs en Finances ;* cet Auteur juge que ce sont les Travailleurs en Finances qui ont enfanté ce projet, parce que *le Ministere*, dit-il, *propose l'établissement du Tarif avec ménagement, & avec de sages précautions*, comme si la sagesse même du Ministere qu'il préconise, n'étoit pas un argument de plus en faveur du Tarif, & comme si le Ministere ne pouvoit proposer avec ménagement que des projets pernicieux. D'ailleurs, on n'entend pas ce qu'il veut dire par ce ménagement & ces précautions du Ministere; s'il veut faire croire que le Ministere se défie encore de l'utilité du projet, on peut assurer qu'il se trompe grossierement; l'utilité de la libre circulation des Denrées & Marchandises, & de la suppression des droits dans l'intérieur du Royaume, ne peut pas être encore un problême dans l'esprit des Ministres, appuyée qu'elle est par le vœu général de tous les Négocians, & par les souhaits de la Nation entiere. Les précautions & le ménagement, qui sont toujours raisonnables & dignes de la sagesse du Gouvernement, ne tombent que sur les moyens de concilier l'avantage du Commerce, qui sera la suite nécessaire de l'établissement du Tarif, avec la conservation des revenus du Roi; nous disons la conservation, & non pas l'augmentation; & en tout état de cause, il est absurde de faire valoir contre le projet la sagesse & la précaution de ceux qui le proposent.

L'Auteur des Lettres avance auſſi que M. le Contrôleur Général, par le nouveau Tarif, en paroiſſant diminuer les revenus des Fermes, les augmente, autant par la quotité du droit, que par la diminution des frais de régie.

Il n'eſt pas vrai que M. le Contrôleur Général augmente la quotité du droit ; 1°. parce que ſi certains droits ſont augmentés, d'autres seront diminués, & qu'avec cette compenſation, il eſt faux de dire que la quotité des droits ſoit augmentée. 2°. Parce que loin que la quotité des droits ſoit augmentée, les perſonnes qui travaillent à la confection du Tarif, ſont convaincues que tout ce qu'on pourra faire ſera de ſauver les droits du Roi, & penſent même qu'au moins dans les premieres années, Sa Majeſté fera à la liberté du Commerce, & au bonheur de ſes Sujets, un ſacrifice conſidérable. 3°. Enfin, parce que la quotité des droits n'étant pas encore déterminée, & M. le Contrôleur Général conſultant les Commerçans ſur cette détermination même, il eſt faux de dire que cette quotité ſoit augmentée.

Tout ce que l'Auteur des Lettres pourroit dire de plus plauſible, c'eſt que la quotité des droits eſt augmentée, au moins pour la Lorraine en particulier ; mais ſi elle n'eſt pas augmentée au total, les Travailleurs en Finances ne gagneroient donc rien à l'établiſſement du Tarif ; ainſi, il ne reſte plus de raiſon de croire qu'ils ſont les auteurs du projet.

Nous ne nous arrêtons pas à réfuter une autre prétention de l'Auteur des Lettres ; ſelon lui, les Travailleurs en Finances, qui étoient dans la confidence du projet du nouveau Tarif dès 1750, ont multiplié les abus & les embarras de la régie de la Foraine pour la décréditer, & ſe ſont attachés à gêner les communications entre les Evêchois & nous, pour faire déſirer le Tarif.

Nous croyons, MONSEIGNEUR, que ces aſſertions ne méritent pas une réfutation ſérieuſe ; les Travailleurs en Finances ne ſongeoient certainement pas au Tarif en 1750. Des Financiers avides, tels que ceux que nous peint l'Auteur, n'ont nul intérêt de déſirer une régie ſimple ; & ceux qui ſont aſſez éclairés pour voir que leur intérêt ſe trouvera réuni avec celui du Commerce, dans l'exécution du nouveau Tarif, ne reſſemblent pas à ceux dont parle l'Auteur. Enfin, il eſt toujours abſurde de ſuppoſer qu'un projet imaginé & préparé de loin, par les Travailleurs en Finances, ait été adopté enſuite aveuglément par toutes les perſonnes qui ſont à la tête de l'adminiſtration, à qui les intérêts du Peuple doivent être & ſont plus chers que ceux des Financiers ; & applaudis par les Commerçans même, & par tous les Ecrivains politiques.

Nous ne citerons parmi ces derniers que l'Auteur des Recherches & Considérations sur les Finances ; cette autorité ne peut pas être recusée par l'Auteur des Lettres qui cite souvent cet Ouvrage utile, & qui n'ignore pas que les principes n'en sont pas favorables aux *Travailleurs en Finance.*

Sous les années 1614 & 1615, après avoir fait l'histoire de ce qui se passa dans l'Assemblee des Etats-Généraux, tenus la premiere année de la majorité de Louis XIII. il rapporte la demande faite par les Etats, de la suppression de la Traite foraine, & du transport des droits aux extrêmités du Royaume, & il ajoûte ; *rien de plus judicieux que cette demande, c'est la Nation entiere qui l'a formée, les représentations particulieres & mal-entendues des Provinces réputées étrangeres doivent-elles l'emporter ? Seroit-ce donc entreprendre sur leurs privileges de répondre à ce vœu général, qui subsiste encore parmi tous les citoyens éclairés & zélés pour la patrie ? ou plutôt est-il quelque privilege plus sacré que la prospérité du Royaume, le travail national, & la liberté du Commerce ? on a assez attendu que ces Provinces reconnussent leurs vrais intérêts.*

On voit que l'Auteur des Recherches ſur les Finances, décide la queſtion que nous traitons d'une maniere abſolument oppoſée aux prétentions de l'Auteur des Lettres. Celui-ci trouve que le projet de ſupprimer les droits dans l'intérieur, & de les tranſporter à la frontiere *eſt inſenſé*; celui-là avance & prouve que rien *n'eſt plus judicieux*. L'Auteur des Lettres prétend que l'extenſion de ce projet à la Lorraine eſt injuſte; l'Auteur des Recherches ſoutient, que les *prétentions particulieres, & les privileges des Provinces réputées étrangeres, ne doivent pas l'emporter ſur le bien général de la Nation*. L'un repréſente ce même projet comme devant entraîner *la ruine de la Province*; l'autre aſſure que les Provinces réputées étrangeres, qui oppoſent une pareille réſiſtance, *méconnoiſſent leurs véritables intérêts*, &c.

On peut voir auſſi ſous l'année 1664, ce que dit du Tarif le même Auteur. On y trouvera l'apologie la plus complette de l'opération qu'entreprend aujourd'hui le Miniſtere, & des principes diamétralement oppoſés à ceux de l'Auteur des Lettres (ſi cependant on peut donner le nom de principes aux aſſertions vagues, découſues, & inconſéquentes de ce dernier).

Nous ne pouvons pas nous diſpenſer de remarquer ſur cela, que l'Auteur des Lettres qui n'a pas pu ignorer l'oppoſition de ſes principes, à ceux de l'Auteur des Recherches sur les Finances, & qui a osé le citer en sa faveur, & en appeller à son témoignage, est nécessairement coupable, ou d'étourderie, ou de mauvaise foi. La force de la vérité nous arrache ce reproche, & nous sommes persuadés qu'il sera trouvé juste par tous nos Lecteurs. mais ajoûtons encore une réflexion décisive en faveur du Tarif, contre la derniere Observation de l'Auteur des Lettres, & que lui-même nous fournit.

Cet Ecrivain emploie une partie de sa premiere Lettre à faire l'éloge *du génie vivifiant de M. Colbert*, & il convient qu'une des opérations de ce sage Ministre, les plus utiles au Commerce, a été son Tarif de 1664.

Deux obstacles principaux s'opposoient au rétablissement du Commerce en France; l'un étoit la concurrence des Marchandises étrangeres, & l'autre, les entraves mises à la circulation des Marchandises nationales dans l'intérieur, par la multiplicité des péages, droits & impôts. M. Colbert résolut de fermer l'entrée de la France aux productions des Manufactures étrangeres, & de supprimer les droits & impôts perçus dans l'intérieur, pour les convertir tous en un droit uniforme d'entrée & de sortie, percevable aux frontieres du Royaume. C'est dans cet esprit que fut dressé le Tarif de 1664 : le projet de M. Colbert etoit général, & s'étendoit à toutes les Provinces du Royaume; mais celles qui ſont encore aujourd'hui réputées étrangeres, y oppoſerent une réſiſtance peu éclairée, & injuſte ſans doute, mais que le Miniſtre ne voulut pas ſurmonter : l'ouvrage demeura donc imparfait.

On voit par cet expoſé ſimple & vrai, que Monſeigneur le Contrôleur-Général, en travaillant à l'exécution du Tarif, ne fait que ſuivre & achever l'ouvrage commencé par M. Colbert.

Que penſer donc de la contradiction dans laquelle tombe l'Auteur des Lettres, qui réclame l'autorité de M. Colbert, qui convient que l'exécution, quoiqu'incomplette, du plan de ce Miniſtre, fit éclore en peu d'années une multitude de Manufactures, créa le Commerce, & qui d'un autre côté repréſente dans tout ſon Ouvrage l'achevement de l'exécution du projet de M. Colbert, comme une invention de Traitans & de Travailleurs en Finances, comme une opération deſtructive de tout Commerce, ruineuſe, meurtriere, *&c*? On ne ſait quel nom donner à cette maniere de préſenter les objets.

Nous terminerons ici nos Obſervations, MONSEIGNEUR; nous aurions pû les faire plus étendues, ſi nous avions voulu ſuivre l'Auteur des Lettres dans tous ſes écarts, & dans les diſcuſſions inutiles auxquelles il s'eſt quelquefois livré ; mais nous croyons avoir préſenté les principales raiſons ſur leſquelles il nous ſemble que la Province doit deſirer l'établiſſement du Tarif, & détruit les principales objections de l'Auteur des Lettres, contre un projet auſſi utile.

Nous eſpérons que vous ferez parvenir nos reflexions à Monſeigneur le Contrôleur-Général, & que vous nous donnerez en cette occaſion, une nouvelle marque du zele avec lequel vous travaillez au bonheur de la Province, & des bontés que vous avez toujours eu pour le Corps des Fabriquans.

Nous ſommes avec un reſpect infini,

MONSEIGNEUR,

Vos très-humbles & très-obéiſſans ſerviteurs les Fabriquans de Lorraine, *&c. &c.*

www.ingramcontent.com/pod-product-compliance
Ingram Content Group UK Ltd.
Pitfield, Milton Keynes, MK11 3LW, UK
UKHW021626260726
13994UKWH00003B/1088

9 782329 291161